Galgos
Manual de acogimiento

Galgos
Manual de acogimiento

Víctor Briones Antón

Maclein *y* Parker

PRIMERA EDICIÓN: marzo 2026

© DEL TEXTO: Víctor Briones Antón 2026

© DE LA EDICIÓN: Maclein y Parker, 2026
Pasaje Lagunas de Ruidera, 6
41701 Dos Hermanas, Sevilla
www.macleinyparker.com

EDICIÓN Y CORRECCIÓN: Maclein y Parker

DISEÑO COLECCIÓN Y MAQUETACIÓN: Antonio Abad (Maclein y Parker)

IMPRESIÓN: Estilo Estugraf Impresores, S.L.
Impreso en España / *Printed in Spain*

ISBN: 978-84-129077-9-7
DEPÓSITO LEGAL: SE-556-2026

Para Tomás,
que sin entender del todo mis rarezas,
me ayuda a sostenerlas para que alumbren

¿Quién habla aún al corazón abrasado
cuando la cobardía ha puesto nombre a
todas las cosas?

ANTONIO GAMONEDA

Si hay algo que he aprendido durante mis
años como antropólogo es que el mundo
está infinitamente lleno de fenómenos que
la sociedad tal como nosotros la conocemos
(quienquiera que incluya ese nosotros) con-
sideraría extraños, hasta el punto en el que
el concepto de extrañeza en sí mismo había
llegado a no significar casi nada para mí.

THOMAS LIGOTTI

lo no dicho, lo que
se vislumbra en lo dicho
o se ensombrece en la memoria

JOSÉ F. A. OLIVER

Balbuceo

Hay un afuera hay / un afuera / cumbia con sin gente
/ con vida / vacía un afuera / cementerio / sin teclas
ni tono / dentro hay ternura de roca latido bistec
/ un escombro con flores hay / un afuera como /
paladines la derrota los dragones el agua bocabajo /
precipitándose / como la vuelta al pellejo / como niño
diente saña / al fondo / de la bolsa la compra perdida
/ sorpresa hay / descubridores vestidos / de gente
/ pero me callo afuera / lleno de cieno de brillo de
toma de trino y regresa / afuera y algún bocata suelto
/ de cal y algún hay muchos afueras / pero este es
ahora aquí afuera que contiene los cuerpos / juegan
/ entrechocan / vuelven a dar nombre y espacio

I

Nos niegan el afuera
nos dejan el migajón ácido
madera para levantar sus lindes
cuerpos para agotar
herramientas para pulir el cielo
como los sirvientes la plata
como si fuéramos carencia y hambre
como un niño perdido que se ahorca
de la primera mano que le ofrece la miel

II

sentarse a esperar sin expectativa
no reclamar migajas de la máquina expendedora
puedes salir de la sala cuando lo necesites
que el espectáculo continúe sin ti
cada camino tiene dos esplendorosas cunetas
no ser reconocido
pero saludar a los que se cruzan con nosotros
cualquier oquedad servirá de abrevadero
la grieta más diminuta es un pórtico
el daño maduro no es resentimiento
cultivar la curiosidad por saber
de qué planta es el brote incipiente
la sombra y la noche se conocen
la luz quiere ser única y suele renegar de su origen
la atención y la incógnita se yerguen en el poema

III

los pasos mueven
la grava y el camino
mueve la realidad

I. ENCAJE

Habla, criatura,
antes de que te callen
las escrituras.

ISABEL ESCUDERO

Hacer pie

Ya nada te separa de tu vida.
Ya nada te depara
tantas sorpresas como tu pasado

JUAN VICENTE PIQUERAS

Siendo niño no flotaba en el lago del pueblo
ni entendía eso de las cosas como son
me lanzaron al agua
porque ya iba siendo hora sin ayuda
piel de plomo tirando del cuerpo hacia abajo
nada patalea solo es agua sube el culo
coreaban tú puedes mientras me hundía
recordé la cara de otros náufragos
que se salvaron del cloro y la asepsia
muriendo varados en la playa sin testigos

Ahora busco en este hoy que es todos los tiempos
al ahogado lúcido para que me cuente su travesía
y compartir con él la recompensa
decirle que lo he conseguido que nadie me ve
para hablarle del cimarrón abandonado en la isla
y de cómo tañía la carne al golpear la superficie
mañana lo intentamos otra vez el niño tirita

Funciona así esta muerte acatada como vida
pequeñas dosis amargas que no te tumban del todo

es solo un pinchazo ya pasará el dolor pero
el dolor no pasa se bifurca se transforma
en una historia espesa de superación
ramas y más ramas que no soportan brotes
repetir cada día mañana lo intentamos otra vez

Busco al ahogado como el perro que enterró
para el invierno un hueso y un bulbo
alimaña piel paciente cavo agujeros
en los alcorques con las manos busco malvas
me cuelo en los jardines es de noche y cavo
la tierra me sacudo inquieto
ante la perfección del mirto
me asombra la flor diminuta que medra
en la espina del ángulo
bocas abiertas cavo bostezos en la veta corrupta
destapo el cuerpo roto del que todo lo tiene
repetir repetir repetir llegar asfixiado al sueño

Busco al náufrago
que compartió el hambre con las gaviotas
se esfumó el día en que aprendí a nadar
me derrumbo en la playa ante las olas
y toco su silencio carente de amenaza
en esta orilla no comenzó la pérdida
la veo hoy estallada de abismo vestida sin gente
no era este silencio hondo el que me negó la verdad
el que me ocultó el regazo de una explicación
y dejó al niño ahogado donde hacía pie

Urras

No es un viaje y un retorno, sino un
ciclo cerrado, un claustro, una celda.

URSULA K. LEGUIN

El drama es que se caiga
el decorado y tú lo sigas
viendo todo idéntico sin dar
señales de que sientes
el hueco en medio de la creencia
Qué debacle
la condena es defender al cisne degollado

Eso es lo que hace la gravedad
las pesas en el platillo
la lógica cuajada de razón
y desprovista de rendijas

Sentir el miembro amputado
conservar fachada para levantar mazmorra
clavar el error en los desposeídos
acusar de vagancia al embrión
desatender el reparto de las cargas
en la estiba del bostezo
destinar a donde siempre los recursos:
a pique al fondo al sillón y al bucle
Lastrar con culpas a los que no disponen
de un currusco de tiempo que llevarse a la boca

Recreo

Pórtate bien con los absurdos
comparte tu merienda si te obligan
adula al que parece y no demuestra
ofrece sumisión a los matones
jamás hables de lo bello
intenta ser como
los otros niños cuando juegan a
hombres que repiten itinerario
tírate al pozo
aunque nadie se arroje a esa boca
hazte el valiente y muerde
al débil deforme haz llorar al distinto
no reconozcas nunca que sufres
que no sabes
no reveles el epicentro del dolor
pavonéate
desprecia lo que no comprendes
sigue la corriente si va a favor
aférrate a los cuerpos ahogados
si va en contra
no te hundas
sigue así vas muy bien eres bueno
haciendo que otros lloren
lo que no te atreves a reconocer

IV

creía que era en mí
algo quebrado
que era yo
lo mío
la forma
de mirar el cuerpo propio
que no funcionaba
la máquina corrupta cuesta abajo
que lo singular era una falla
grieta piel que no cumple
su función de alfombrar lo cierto

pero hoy a moratón pasado
en este ahora de disgusto relativo
siento lo sólido de la extrañeza
como un territorio
para desaparecer

Indefensión aprendida

Asesináis ante mí los verbos
de tanto apretar se desgarran
les amputáis los brotes
el tiento en la oscuridad de lo inminente
regaláis yugo
flores con la lección
aprendida que arrojan el aroma
enjaulan insectos
preferencia por la espina
permitís solo hijos educadísimos
rígidos como una bayoneta
pájaros que vuelan como balas
un mar que acepta ser domado

Habéis matado en mí el interés
por un futuro con vuestras hormas
consideradme un muerto más
gracias por el atajo
de mí solo obtendréis inercia
una boca sin palabras

Ponerle empeño

Cuando rozamos con el impulso
acumulado en los años rotos
una superficie que nos permite
respirar y conocer lo sencillo
entonces se hace patente un hueco
una ausencia de templo impío de horda
que sabe a gas cóncavo a la falta
de todo lo prometido una flanera
que jamás fue usada garantía
para conocer lo perfecto
felicidad alineada e interminable
ahora que hemos llegado
abrimos la caja
donde debía burbujear el sueño
y encontramos trapos
sucios roña y escombros
plegarias en formol
una autopsia a medias
cigarro apagado en las costillas
sedimento al final de la boca
río que muere morralla
restos
de una caja que nunca contuvo
nada capaz de estar vivo

Nuevos hombres de acción

Despeñarnos en las palabras
Descuidar la simiente para que no germine
Ser devorado por la sima
Encontrar el brote en el claro
Cantar como un niño sin voz
Llorar la pérdida
Gemir entre los árboles oler a resina
Esconder los puños en el fruto
Dormir en los bancales
Aplaudir a la flor del almendro
Elegir traje para los difuntos
Encontrar la astilla enterrada en la carne
Discutir con el diente de león cuándo vendrá la lluvia
Dejar en silencio a la electricidad
Ovillarse debajo de los días
Que se seque la sangre y la fuente
Morir
Escupir al oráculo

V

el terreno está decidido
el barro de siempre barbecho de punta
erizado de hitos mercantiles
ve un roto e interpreta
coreografía de hijopadre vigía
di de corrido las frases no te salgas
del guion incrustado de la voluntad
aguanta será poco tiempo los dientes
un rato en   acostado sobre serrín
deja allí tu sombra
tocándoles las palmas
regresa aquí siendo nadie
acurrúcate a ras de bruma
contempla la palabra escombro
engendrar lo imposible necesario

VI

nos colocan figura dentro
de una carrera pero somos
algo más que artilugios que persiguen
metas de clausura
más que agendas del hambre
más que perros sin presa
más que fantasmas depredados
merecemos un claro para reposar
el misterio que nos escuece
debajo de las uñas y nos acuna
la certeza hasta los ojos
el hueco del pan ausente
la puerta que da a la linde
pecho intacto
dispuesto a despedirnos sin trabas
preparando la caricia
para el día en que el odio nos devuelva
al punto orilla donde empezamos a agrietarnos

Anarres

Como si merecer significara algo.
¡Como si la belleza se pudiera ganar,
o la vida!

URSULA K LEGUIN

El drama es que defiendas
estos campos helados que machacan
tantas vidas y no notes
que es posible que no llegue
la promesa y no merezca
esta forma tu energía

Lo que portas entre aplausos
puede ser
una oportunidad desmenuzada
que no sientas la carencia
no llega la raíz a sostener
la brizna que no veas los que caen
tras tantos siglos de equilibrios
una manta para todos
asegura el frío a los fugados
los que levantamos esta casa
a veces deseamos que colapse

Contemplar al otro como a un espectro
silencio sin voluntad

para no pensar en la belleza
ser para la abundancia
y no para el tabú
conocer la mesura
descuadrar la alegría   desparasitarla
lo rígido ejerciendo su peso sobre todo
nos convierte en satélite desnortado

Adicciones

lo primero que el poder extrae,
modifica y destruye es nuestra
capacidad de desear el cambio

PAUL B. PRECIADO

Poner varas de nardo
para decorar el clavo ardiendo
y que no apeste a azufre
Decir lo que dice el poder
para pasar por humano
Correr sin tener motivo
olvidar lo que nos conviene
culpar al otro de la extinción
Movimiento para no pensar
pertenecer al bando que parece
ir ganando
alicatar la idea
rumiarla
masticar su pellejo hasta que calle

El prójimo en general es el enemigo
amar como en las revistas
la aventura siempre envuelta
hasta aquí hemos llegado
Sorber los espacios entre
acción y acción

Rellenar los deseos de confeti
libidinal burbuja de carne tensa
mañana será
otro día parecido
La noche es un telón no un milagro

Este poema irá creciendo
cada vez que me siente a ejercitar
la memoria de la astilla

II. CASOS PRÁCTICOS

Me levanté sin que se dieran cuenta
y salí sin hacerme notar.

JULIA UCEDA

Fomo

Cuando supe a ciencia cierta
que estar tirado en el sillón
toda la tarde sin hacer
nada de lo que manda la culpa
no conlleva pena
de prisión ni multa ejemplar,
empecé a atreverme
a caminar delante de esos hombres
que saben de todo más que nadie
sin que importara lo más mínimo
su opinión y sus consejos.

Cuando llegué a la certeza
de que cuidar y ser cuidado
es parte de lo que nos hurtan,
de que lo nuevo no vale un duro
si solo nace para esquilmarte,
para depredar tu atención
y que no la pongamos en los regazos,
pude dejar de hacer para ser visto,
cortocircuitar el ansia,
permitir a los ríos su discurso,
y a las vidas sus dignidades.

Aprendí a desembocar en la ignorancia.

Algo sospeché con eso que decía
Le Guin sobre sus cuentos:
que no eran necesarias
tantas epopeyas, que ya es hora
de ánforas y de renuncias,
que ya no tiene sentido adorar
la cultura del mordisco y la lanza.

Cuando vi que es posible dar de lado
a toda esa inercia de polígonos
y sueños en salmuera, cuando no caí
apuñalado por el enemigo fantasmal,
cuando no se cumplió la amenaza
y la doctrina siguió su curso
imposible de doblegar, respiré y
me dispuse a ser tachado
de persona improductiva.

La tata

Carmen amamantó a la podenca Sola
para sanar sus pechos infectados
con esa sombra de crianza.
Una historia entre tantas,
superficie a la vista,
mitología en babuchas,
pelusas y secretos arrumbados
bajo el montículo de escombros
que queda en la memoria de los vivos.

Necesito las tumbas, las bandadas
de cigüeñas que cambian París por vertederos.
Necesito mirar la ropa con su polilla,
la piel sintética del abrigo, lo suave
en los cajones hartos de fetiches.
Imaginar la cocina después de la obra,
esconderme niño en la alacena,
la casa hecha trizas,
el olor sintáctico del romi, la acetona,
la espuma, el algodón y la yilete;
azulejos que bailan
como dientes sin encía.

Hay un centro en las historias diminutas,
una piedra que condensa
las mutaciones posibles,
acuna criaturas asustadas

y las lanza cuesta arriba
para que despellejen el recuerdo.

El niño escondido

Una reunión a última hora,
el trabajo acumulado, el compañero que no.
Tener que ir a pesar de la fiebre.
No tener bastante, aspirar
a más señales de humo.
La declaración para amortizar lo que queda
de la renta, los juzgados,
protector de estómago, los implantes, la luz,
este año tenemos cuatro bodas,
niño, no soy el Banco de España.
Tutorías a destiempo,
el gimnasio de Damócles,
el coche calambre devora dinero,
hablar con el tío del seguro
cuando muere la madre.
La junta de vecinos para nada,
se queda la azotea con rastrojos,
la culpa por no ir,
el hartazgo de no querer
contemplar el cuerpo que se derrite.

En el fondo del cajón una navaja
con la que alguien talló el primer juguete.

Poltergeist

Como Caroline,
no tuve miedo de la garra,
el horror vino de la nieve,
su zumbido de tormenta perfecta.

Después perdí el don
de descubrir a los verdaderos monstruos,
lo digital aplastó a lo diáfano,
vino la obligación de convivencia
con nuevos dioses rígidos,
la ventana de oportunidades,
pero aún recuerdo mi cuerpo encogiéndose.
A veces la memoria de pájaro me lleva
a los días del monolito,
al dedo juez esto es bueno y esto basura.

Despierto y todavía escuece
esa certeza inefable para algo tan tierno,
aún sin la boca
regulada para ser altavoz.

Amanezco como el que cae
en la conciencia de su servidumbre,
me precipito a un mundo levantado
para aniquilar cementerios indios.

Los armaos

Qué es esta peli de romanos,
tanto péplum, cuánto oro.
Qué es esta asamblea del cucusclán.
Qué es este olor que aturde,
la multitud y su murmullo,
la melaza en los balcones y los trajes,
los gorjeos de gargantas que se rompen
y los goznes de rodillas que claudican.
Esta orgía de claveles y de adobo,
de mujeres luto pero con chispa
en los ojos y en las ganas,
con los labios reventones de crítica y cachondeo.
Ya me hablaste del tópico
de la flor lisérgica que todo lo cubre,
de lo serio que es el revoltijo de carey y negocio,
de la mezcla perfecta que no cuaja
y de cómo continúa por inercia
una fe que da cabida al disparate.
Qué es esta música hilvanada a lo rotundo,
pespunte que atruena y nos zurce
a las aceras malolientes,
demasiada gente junta,
es probable no ser nadie en la marea
o caer de culo al pisar después del paso.
Qué son esas cruces, esos hombros y esos pies
sobre cristales,
esos muslos que se esfuerzan bajo palio.

Hay demencia y trance en esta fe
que se deja comer el terreno para abrirse
a la fantasía del hereje.
No, no te hablo de la filigrana,
te hablo de salir a oler la calle.

Miro a través de tus ojos, John.
Entiendo el asombro y la mijita espanto,
ese nervio de querer sentir
hasta la última gota;
pero entiéndeme tú a mí,
todos los años lo mismo,
la comunión obligatoria,
vaya empacho de torrijas,
es un código muy rígido
que expulsa al que no quiere
lavarse la boca con incienso.
Te entiendo, no te apures, tranquilo,
que ahora vamos
a ver entrar la Macarena.

Galgos

Nunca debimos haber aterrizado
aquí. Nunca debimos haber
aterrizado en este planeta.

ALIEN: EL OCTAVO PASAJERO

Son más que una raza insólita,
callejón sin salida de los perros salvajes,
medalla casi broche que sostiene
el telón moral que cubre un aura
amable y carente de sadismo,
aparataje samaritano de una forma
como muchas otras de ser gente.
Alienígenas salidos de un delirio *gigeriano*
o de la querencia infantil
que aún no sabe de estándares y embudos.

En ellos nos atrae lo deforme,
el modo de llevar el cuerpo roto
como el que porta el germen de lo imposible.
Nos gusta saberlos sumisos,
su aceptación de la correa y la carroña,
migajas de cariño envueltas en celofán.
Que no se note el lobo ni se ensalce al chucho.

Son jeroglíficos,
Anubis con pelliza y ojos tiernos,

pervertido
chacal sobre la alfombra,
cómodo en su papel de carne humilde.
Pero al acariciar su lomo caramillo,
aparecen escopetas y canódromos en ruinas,
visiones de varas y ramas secas de olivo
donde ondean sus pitracos
para dar de graznar a los cuervos.
Me acomete su leyenda,
otra pieza que no podrá completar
la historia oculta de lo escuálido y las hambres.

Auto de fe

Ya sé que estamos ocupados
en mantenernos a flote, en no morir,
en continuar siendo nadie a nuestro modo.
Ya sé que la identidad y la orfandad y la catatonia
requieren de estudios e insistencia,
lo sé, soy con vosotros un otro más que va para epitafio.
Pero decidme,
no echáis en falta a veces la amabilidad
de un regazo, una vasija o una cueva;
no añoráis el tiempo que no fuimos,
ese mundo apagado y disuelto
que nos deposita en lo posible.
Ya sé que es tarde, que no habéis cenado,
que los niños, que los huesos,
que el dolor de trueno y andamio;
pero creo firmemente
que no es para tanto esta superficie
y su exigencia de permanecer
muertos todo el tiempo, entrechocando
los cuerpos y pasándonos de boca en boca
los viscosos mandamientos de una fe
que necesita que se nos abran las carnes,
que nos erosionemos de miedo,
que no paremos a socorrer a los fantasmas
para poder adueñarse de lo vivo.

Vida chica

Sacar de la chistera una granada.
Comer con las manos corazón.
De postre una ristra de leche.
Sandías pigmeas.
Bostezo de enchufes.
Abrir el pecho del niño como si fuera un joyero.
Extirpar la polilla metálica,
el dios diamante.
Un buitre con alas de colibrí.
Huellas de animal diminuto en el quicio.
Vaciar ese cuerpo en ciernes.
Abrazar la miga prieta.
Rezar a la virgen de borra.
Reconocer su sombra en este círculo.
Vigilar la cabecera de la cama.
Disparar a los ángeles patronos.
Preparar un guiso de corbatas y sostenes.

Velar la fiebre
y, cuando pase el temblor, explicar
a lo que queda de humano,
montículo sin dueño,
que ya no es,
que ya no tiene que ser,
que ya siempre fue tiempo para la prisa.

Ofrecerle horizonte y animarlo a gritar,
enseñarle a extraer las piedras angulares
y acompañarlo en el derrumbe.

Demanda

Los rotos no pedimos demasiado

BEN CLARK

Líbrame, señor, de la identidad,
trae aquí esa mano
repleta de premios,
que la pueda morder.

Líbrame, señor, de sentarme en el templo,
de aplaudir en los estadios, de relamerme
cuando a otro le toque
el papel de chivo o de culebra;
líbrame de creer en los que dicen
portar en sus cuerpos lo certero,
poseer la caja fuerte
de la verdad desinflada.
Líbrame de la caterva
de cirujanos expertos
en inocular venenos indetectables,
del hatajo de catadores de quistes,
de la sumisión a los chamanes,
marionetas de Troya que se prestan
a vender carne de niño en las lonjas,
aleja de mí a los palmeros que no comprenden
la naturaleza volátil del canto.

Líbrame, señor, de la contención,
de la vergüenza que lleva al abandono,
de los dones extraños si son útiles.
Líbrame de intentar la norma de los perversos,
deja aquí ese resumen de excepciones,
ya veremos los raros qué hacer
con los huesos que retumban
y el cuento del pecado;
aléjate de esta orilla,
olvídate, señor, de este hatajo de herejes.

Déjanos caer,
que tenemos costumbre de levantarnos.

III. DERIVA

Valora los pájaros de tu cabeza

CARLOS EDMUNDO DE ORY

La casa comienza así

en el balcón
única puerta sin filtro
al cielo sobre la colmena
sin miel en los tiestos
tierra apelmazada la respiración
y la luz del que permanece

así

quieto
posado
absorto
dejo llegar la modorra

es alguien que quiero ser
el que abre con mi cuerpo
y se asoma entre el chasquido de claveles

se coagulan las calles

se desarma el plan de lo posible
se aplaza la reyerta

entra el quizás y toma impulso
así combato

la insistencia en ser partícipe
la dimensión de la rapiña
la harina del cuerpo molido

así

en el zaguán piel de orilla
rindiéndome

así

donde empieza la pulpa
y termina la calle donde
se zanja la casa y brota
el sendero

asíahoraquí
                lejos / alto / borroso
                casi sombra

sobrevolándome las manos
escozor de por fin atrevimiento
apoyado en la baranda
los ojos suspendidos
en la boca   principio de vuelo
emerge la distancia suficiente
para ensayar el salto

VII

para ver primero
                salir
para salir primero
                despertar
para despertar primero
                haber nacido
                conocer la piedra y lo pendiente
                acumular valor
                hacia el desdén y la renuncia
                soltar
                    para ver

tener hambre en el sueño
venir como el que emerge
después del llanto atreverse a mirar

Intención de ser

Como tener un arroyo entre los dientes
una higuera en los labios
un jaral en la cumbre
de la cabeza erguida
línea tensa de la cúspide al cielo

Como saber el trino
oído que madruga
como árboles que sustentan
nidos
la bisectriz de raíces
un silencio indescifrable

Como un grillo hecho de juncos
alfaguara de sangre
borbotón de dientes columna de miga
ya no me aguanto estalla y lo dejo
descubrir la garganta

La hora de los recién duchados
de los brazos y los planes
Como manos hogaza que aplaude
curiosidad de criatura a medio hacer
arquitecturas olvidadas al sol
Como bestias extintas
mar de antenas
macetas de claveles reventones

tejados y melindres
garajes en desuso abuelas en bambito
un guiso inunda el ojopatio

Como subir a tender
como la yesca del pitillo
los ladridos de tanteo
la burla del que conoce
su calavera
el agua fría garganta abajo
la sed de los naranjos casi octubre
la lluvia que llega a media muerte
como el firmamento que se desploma
sobre el verano
y lo aplasta

Hacer hueco

empiezo a sospechar que todo es
humo

Crecí y abandoné la rabia
posé el cuerpo lo extirpé del dolor
perdoné
descubrí una espuerta de opciones
elegí sin temor a lo que no será

Aprendí a dejar abiertos
los tarros y las charlas
a no ser solo combustible
construí un refugio para bichos
entre las costillas de Adán y las propias
en esa maraña de vísceras renuncié
a llevar la razón al aire
cada mañana el quejido de los goznes
dejé atrás el humor funerario
he abandonado el pellejo del hagiógrafo
la pose del cuerpo demasiado presente
camino sin contar párrafos
escribo de estar vivo y sobre el plan de escape
evasiones evacuaciones y cantos gregorianos
de sirena para dejar atrás las batallas olímpicas
sembrar a tientas invocar parajes y ángulos

arrebujarme a esperar el siguiente asombro
edén en curva
la llegada inevitable de Muerte y Primavera
enhebradas del brazo   indistinguibles

Zanzíbar

Siempre quise viajar a Zanzíbar
porque allí todo es sonoro
los zanzibareños tienen varias bocas
las cosas no poseen un único sentido
nadie sabe lo que es un peso muerto

La gente en Zanzíbar come como salta
callan como el cristal
desentrañan hurgan en
montañas abisales y ríos de tomillo
ríen mucho con mandíbula sopera
sacan a la cornisa cajas de sándalo
para que griten   no
ni hablar eso será lo que tenga que ser

La lengua de Zanzíbar es cambiante
los catedráticos están enjaulados
decantan las palabras los jilgueros
moaré con ascendente de daga
potencia de esparto y calma de nido
allí los labios desconocen
al dios ley incrustado en papel
no funciona el grillete del mordisco

Quiero visitar Zanzíbar
pero Zanzíbar no existe
fuera de mis manos como valles

más allá de los dibujos infantiles
queda el resto de las uñas cuando cavan
en el azogue del cuerpo exhausto

Han borrado Zanzíbar del mapa
la realidad no puede tolerar
un lugar sin cimientos
donde trono significa pozo
colibrí de marfil con yesca
piel taraceada de lluvia
por eso tapiaron los pórticos
que dan al corazón de Zanzíbar

brindan por su victoria prepotentes
creen haberlo conseguido
porque suelen lograrlo si se empeñan
                              pero
siempre queda un resquicio una herida
de tierra dispuesta a la raíz paciente

Ellos no conocen mi cansancio
no saben que he desempolvado el sendero
y que la última piedra de Zanzíbar
sujeta ahora la puerta de mi tumba

VIII

hablamos quemaduras
de las mil formas de perder la piel
del roce siniestro de la lija
del logro que no alcanza
del calor pautado de lo que se repite
de la guindilla en los ojos
de fuegos repentinos y de cambiar
la flor por la taxidermia
hablamos para encontrarnos
de la mano para apagar
el hambre impuesto
para saber la utilidad de la sed
para asaltar esa boca que se ríe
de los que perciben el túnel
y están hartos de vivir
en la garganta

¿Para qué sirve la sed?

No crees expectación
entra callado en el deseo
nadie ha de entender
las razones detrás de tus pasos
por qué pones a secar en tu lengua
la piel del oso y el anuncio
el pregón que solo atañe a tu ombligo
no pongas tras los cristales
la imitación de la llama
la obviedad cuajada de puntillas
o el escorzo presente que atufa

que la moda no es compás
que ya se dijo la palabra que improvisas
que los gestos caen en la pose
y allí abajo se pudren

Mantente quieto
retén los labios
aguanta el silencio hasta que diga

no crees expectación
no prometas emociones fuertes
no hables del agua que vas a beber

Puede que la orilla se retire
y jamás llegues a saciarte

La siesta

Como algún verso suelto

tapiales blancos
de alféizares picantes
luz dulce de arroz
nariz cansada de acetona
un leve zumbido tras los ojos
palabras polvo
de alas ya sin miedo

Como un objeto olvidado
que insiste en la presencia del cariño

adelantar el mentón
abrir apenas los labios
y terminar por no decir
para no romper el ascenso
del jazmín hacia el penacho
trampolín de estorninos
tronco arriba de la palmera

Dejarse caer cuando se siente
el primer escalón de la casa

hacer como los lagartos y los frutos
tomar el sol
convertirlo en vida

salir corriendo
para ocultarse u ofrecerse

Aprovechar los restos
como un niño que aprende rimas
como la extraña mandíbula del caimán
como el asombro de lo que cae
como se sacude el polvo de los estantes

IX

aprender idiomas
habla el cuerpo de zonas inundables
aprender a usar las manos
pequeñas tareas de mantenimiento
no poner ninguna mejilla
aprender a esperar
no como el que acecha
sino como el níspero que sabe su estación
tomar lo que venga sin gancho
aprender a leer vibraciones
el canto de la vía que asciende
la comba de la rama por el peso del fruto
la intuición milimétrica de la duda
no somos caja fuerte
no dejar que el silencio apulgare el pan
no quedarnos dentro
confirmar por escrito la renuncia.

Tihei mauriora

Escribir un poema en las antípodas
contemplar su mar
dejar que se seque el cable
que mantiene el nervio excitado
Levantar la cabeza
abrir el cuello
anunciar la primera palabra
poder mirar otras vidas

Salir de la sima umbilical
para apreciar la sombra ajena
pequeños trucos para evadir
el mandato de lo sólido
agorrionarme ser vapor
conocer el nombre común de la plantas
de todas sus partes incluida la raíz
sus efectos y por dónde baja el río
en los días de furia
Recoger las semillas de rastrojo
recuperar la oscuridad de la alacena

La novedad de saltar cuando tú saltas
de no ver filo en el disfrute
para que de la ausencia de esbirro
crezca la posibilidad de lo silente
Ver más allá del reparto
del disparo de salida y del catálogo de formas

Ampliar las líneas de llegada y fuga
Acoger el reflejo del que goza
para devolverle una amplitud sin grilletes

En tu guitarra y tu canto
en tu niño vestido de momo
en tus manos viruta sobre ébano
en los párpados que cierran el sol
en cómo dibujas ojos
en sentir su empuje
y en cómo descubren el barro
dejar que los zarcillos tanteen
en la doblez que precede a la grulla
en agitar el cuerpo y que se desholline
en el ritual del ritmo
en los lugares que nos quisieron arrebatar
saludo el aliento de vida que hay en ti
y agradezco que me permita
abandonar la sima de lo propio

Mapa de lo que no llegó a crecer

> Una especie de ángel herido en la raíz
> No en la raíz de las alas, sino en la raíz
> de la comunión
>
> DANIEL FARIA

Quién devuelve el intento al niño
la oportunidad
de crecer a la vez que su deseo
de descubrir el cuerpo sin cajones
de estallar y sorprenderse
de recordarse para siempre capaz de tacto

Quién le dice que su duda es lícita
que su querencia de ciprés muerde el cielo
que el granizo no golpea en la cima
que en lo más vacío puede esconderse
que su pecho abierto detrás de la adelfa
es el hueco perfecto para ser

Quién le devuelve el torrente sin lacra
quién el mapa impoluto con el norte bizco
a su entrepierna manchada de incienso

Quién vendrá a pedir perdón al hombre
que tuvo que olvidar al niño yunque
que no pudo nacer tras tanto adorno

nadie devolverá al niño la calma
ni deshará su suspicacia de presa
ni secará el océano entre chirridos

nadie podrá evitar que cuando se piense
tan niño
vivir sea siempre con el miedo
con la duda de haber hecho de estar roto
tan solo un niño
manos pequeñas para moldear tanto acero

Quién le devuelve el sur pletórico sin culpa

tú que lees el poema
explica al niño que fuimos
cómo evadir al censor
cómo amar bien y entregarse
cómo respirar y deponer las lágrimas

tú que eres el solar de aquella criatura

Dile a tu niño

Habla a tus hijos de la belleza,
que sepan que seguirá
existiendo cuando el mecanismo
caiga encima de su cuerpo adulto
preparado según fecha de nacimiento
para una madurez desesperada.

Háblales de la grieta,
que aprendan a buscarla,
a saber que se abrirá,
muéstrales al menos una forma
de pasar al otro lado,
de pisar sin culpa lo desconocido,
recuérdales que pueden
hacerlo a su manera.

Háblales de los pactos,
de la parafernalia sin enjundia,
colorete para endulzar la brida.
Insísteles para que cuenten
desde su querencia lo fúnebre
de la chirigota bisturí experta
en inocular venenos indetectables.

Ayúdales a no dar explicaciones,
a quedarse sin razón en la afonía,
a no adorar las promesas

que vierten los dioses demasiado sólidos.
Dales motivos revueltos, bruma
para que tengan hambre de misterio
y vayan más allá de lo debido.

Háblales con cuidado
de lo vivo en lo que muere,
déjales un rastro de migas,
pistas de lo que no es infierno,
la ventana abierta sin explicaciones;
respeta sus apetitos,
ofréceles el bosque,
posibilidad de hallar
lo que fulgura,
la visión del camino inexistente
que se adentra.

Índice

Si la puesta de sol
puede hacerme llorar,
¿por qué debería,
por qué debería,
por qué no debería
gustarme tal y como soy?

Marzo | 2026 | Sevilla

ISBN 978-84-129077-9-7